Pedro Calderón de la Barca

Jácara del Mellado

Barcelona **2024**
Linkgua-ediciones.com

Créditos

Título original: Jácara del Mellado.

© 2024, Red ediciones S.L.

e-mail: info@Linkgua-ediciones.com

Diseño de cubierta: Michel Mallard

ISBN rústica: 978-84-9816-421-3.
ISBN ebook: 978-84-9953-885-3.

Sumario

Brevísima presentación

La vida

Pedro Calderón de la Barca (Madrid, 1600-Madrid, 1681). España.

Su padre era noble y escribano en el consejo de hacienda del rey. Se educó en el colegio imperial de los jesuitas y más tarde entró en las universidades de Alcalá y Salamanca, aunque no se sabe si llegó a graduarse.

Tuvo una juventud turbulenta. Incluso se le acusa de la muerte de algunos de sus enemigos. En 1621 se negó a ser sacerdote, y poco después, en 1623, empezó a escribir y estrenar obras de teatro. Escribió más de ciento veinte, otra docena larga en colaboración y alrededor de setenta autos sacramentales. Sus primeros estrenos fueron en corrales.

Entre 1635 y 1637, Calderón de la Barca fue nombrado caballero de la Orden de Santiago. Por entonces publicó veinticuatro comedias en dos volúmenes y La vida es sueño (1636), su obra más célebre. En la década siguiente vivió en Cataluña y, entre 1640 y 1642, combatió con las tropas castellanas. Sin embargo, su salud se quebrantó y abandonó la vida militar.

Entre 1647 y 1649 la muerte de la reina y después la del príncipe heredero provocaron el cierre de los teatros, por lo que Calderón tuvo que limitarse a escribir autos sacramentales.

Calderón murió mientras trabajaba en una comedia dedicada a la reina María Luisa, mujer de Carlos II el Hechizado. Su hermano José, hombre pendenciero, fue uno de sus editores más fieles.

Personajes

El Mellado
Músicos
La Chaves
Un Alcaide

Jácara

(Sale el Mellado, con grillos, y la Chaves llorando, y un Músico.)

Músico   Para ahorcar está el Mellado
por cobrar de otros la renta,
y la Chaves le lloraba,
que su mal la desconsuela.

Mellado   Repita usted ese tono,   5
aunque el alma me penetra.

Chaves   Repita usted esa letra,
que quiero hablar en su abono.

Músico   Para ahorcar está el Mellado...

Mellado   ¿Soy yo verdugo, menguado?   10
¡Qué lindo modo de hablar!
¿Estoy yo para ahorcar
o para ser ahorcado?

Músico   Por cobrar de otros la renta...

Chaves   Ya ningún hurto le afrenta,   15
que él ajusta su descargo,
y de lo que está a su cargo
dará muy presto la cuenta.

Músico   y la Chaves le lloraba...

Mellado   Con razón, que yo le daba   20
aun más de lo que podía,
y cuando no lo tenía,

	para dárselo, lo hurtaba.	
Músico	Que su mal la desconsuela.	
Chaves	Mi llanto no le desvela. Y aunque ve que es cosa llana que le han de ahorcar mañana, no me alivia ni consuela.	25
Músico	Para estar en un tablero son famosos él y ella, que es la Chaves linda dama y el Mellado linda pieza.	30
Mellado	No llores, que el llanto fragua en mí dolor más crecido.	
Chaves	Toda mi vida he tenido el ser tierna como el agua. Deja que a puro llorar me ahogue en mi propio amor.	35
Mellado	En otra parte peor me tengo yo de ahogar.	40
Músico	Confesó un millón de culpas, pero todas tan ligeras, que solamente le han dado un credo de penitencia.	
Mellado	No llores, que es burla, hermana.	45
Chaves	Mañana el pueblo te mira.	

Mellado	Si eso no fuere mentira, que a mí me ahorquen mañana.	
Chaves	¿Por qué lo has imaginado?	
Mellado	Sé estas cosas de experiencia, porque desde otra sentencia estoy muy disciplinado.	50
Músico	Piensa el Mellado que es burla, y bien el Mellado piensa, que el decirle que le ahorcan es sólo por darle cuerda.	55
Chaves	¿Has visto lo que nos cansa?	
Mellado	Pues a fe que si me enfado...	
Músico	Yo callaré...	
Mellado	¡Lo que ha estado en un paso de garganta!	60
Chaves	Sólo el no morir contigo sentiré, mas no soy digna.	
Mellado	Ya que te precias de fina, haz que te ahorquen conmigo.	
Chaves	Es mi garganta muy tierna.	65
Mellado	Yo temo en caída tanta que a la nuez de mi garganta se le quiebre alguna pierna.	

Chaves	Ya que es cierta tu partida,	
	muere muy arrepentido.	70
	Que allá te enmiendes te pido:	
	no hurtes en la otra vida.	
Mellado	Prenderanme luego allá	
	si acaso al infierno voy,	
	que en él, informado estoy,	75
	que hay más corchetes que acá.	
Chaves	Eso no te dé cuidado,	
	que podrías escaparte;	
	que en sagrado han de enterrarte,	
	y te valdría el sagrado.	80
Mellado	No me librará su imperio:	
	acá también le tenía;	
	pero yo iglesia pedía	
	y me han dado cimenterio.	

(Dentro.)

Alcaide	Recójanle al calabozo.	85
Mellado	Esta voz habla conmigo.	
Chaves	¡Oh cuánto siento yo, amigo,	
	que mueras ladrón, tan mozo!	
Mellado	Antes dicen en la villa	
	que a mí ninguno me iguala.	90
Chaves	¡Y teniendo voz tan mala	

12

	te meten en la capilla!	
Mellado	Hoy ha de ser.	
Chaves	¡Qué pesar! ¿Que colgado te he de ver?	
Mellado	Paciencia. ¿Qué le he de hacer? No me tengo de ahorcar.	95
Chaves	Vivirás en mi memoria.	
Mellado	Tuyo seré eternamente. Los dos Señor músico insolente, cante ahora nuestra historia.	100
(Vanse.)		
Músico	Mañana al Mellado cuelgan, y es muy justo que le pongan donde le dé el Sol un día, que ha mucho que está a la sombra. Súpolo de un escribano, muy erudita persona, porque al decírselo echaba sentencias de aquella boca. No se perderán sus culpas y presto se sabrán todas, que sólo porque parezcan mañana se las pregonan. En viendo que capeaba dije: él parará en la horca, porque era señal de muerte andar tentando la ropa.	105 110 115

Hablen dél con mucho tiento,
y sepan que desde ahora,
en su casa, si la tiene,
no se ha de mentar la soga.   120

Libros a la carta

A la carta es un servicio especializado para

empresas,

librerías,

bibliotecas,

editoriales

y centros de enseñanza;

y permite confeccionar libros que, por su formato y concepción, sirven a los propósitos más específicos de estas instituciones.

Las empresas nos encargan ediciones personalizadas para marketing editorial o para regalos institucionales. Y los interesados solicitan, a título personal, ediciones antiguas, o no disponibles en el mercado; y las acompañan con notas y comentarios críticos.

Las ediciones tienen como apoyo un libro de estilo con todo tipo de referencias sobre los criterios de tratamiento tipográfico aplicados a nuestros libros que puede ser consultado en Linkgua-ediciones.com.

Linkgua edita por encargo diferentes versiones de una misma obra con distintos tratamientos ortotipográficos (actualizaciones de carácter divulgativo de un clásico, o versiones estrictamente fieles a la edición original de referencia).

Este servicio de ediciones a la carta le permitirá, si usted se dedica a la enseñanza, tener una forma de hacer pública su interpretación de un texto y, sobre una versión digitalizada «base», usted podrá introducir interpretaciones del texto fuente. Es un tópico que los profesores denuncien en clase los desmanes de una edición, o vayan comentando errores de interpretación de un texto y esta es una solución útil a esa necesidad del mundo académico.

Asimismo publicamos de manera sistemática, en un mismo catálogo, tesis doctorales y actas de congresos académicos, que son distribuidas a través de nuestra Web.

El servicio de «Libros a la carta» funciona de dos formas.

1. Tenemos un fondo de libros digitalizados que usted puede personalizar en tiradas de al menos cinco ejemplares. Estas personalizaciones pueden ser de todo tipo: añadir notas de clase para uso de un grupo de estudiantes,

introducir logos corporativos para uso con fines de marketing empresarial, etc. etc.

2. Buscamos libros descatalogados de otras editoriales y los reeditamos en tiradas cortas a petición de un cliente.